LE PETIT MARCHÉ

AIL

LES RECETTES DE SAISON

ÉPICERIE GÉNÉRALE MARABOUT

DEPUIS 1949

SOMMAIRE

QUELQUES VARIÉTÉS 8

PRÉPARER ET CUISINER L'AIL 10

CONDIMENTS

AÏOLI 12

VINAIGRETTE AIL-BALSAMIQUE 14

AIL CONFIT 16

PIZZA ET PASTA

PIZZA À L'AIL 18

PIZZA CHAMPIGNONS & AIL 20

LINGUINE À L'AIL 22

SPAGHETTIS À L'AIL, BROCOLI ET PARMESAN 24

GNOCCHIS DE PATATE DOUCE, SAUCE À L'AIL 26

BRUSCHETTAS AIL, FETA ET CHAMPIGNONS 28

SALADE DE PÂTES, CHAPELURE D'AIL 30

SPAGHETTIS AU PESTO 32

SOUPES

VELOUTÉ DE POMMES DE TERRE À L'AIL RÔTI 34

SOUPE DE LENTILLES ET D'AIL AU YAOURT 36

VELOUTÉ DE FENOUIL GRILLÉ ET AÏOLI AU POIVRON 38

VIANDES

POULET RÔTI AUX 40 GOUSSES D'AIL 40

POULET RÔTI À L'AIL ET AU CITRON 42

CURRY VERT DE PORC À L'AIL 44

ACCOMPAGNEMENTS

BLETTES COLORÉES À L'AIL, PIGNONS ET RAISINS 46

ÉPINARDS À L'AIL ET AU PIMENT 48

ASPERGES À L'AIL ET AUX ANCHOIS 50

PRODUITS DE LA MER

MOULES GRILLÉES À L'AIL 52

CREVETTES À L'AIL 54

HUÎTRES À LA CRÈME D'AIL 56

BARS AU JAMBON CRU & MAYONNAISE À L'AIL 58

QUELQUES VARIÉTÉS

L'ail est un ingrédient incontournable des cuisines française, italienne et asiatique. Sa cuisson permet de l'adoucir. Originaire d'Asie centrale, on peut en trouver aujourd'hui plusieurs variétés de couleurs spécifiques : blanc, rose ou rouge.
L'ail pousse sous terre et forme des têtes contenant 12 à 15 gousses. Il est séché avant d'être vendu.

CHOISIR
L'ail doit être dur à la pression, sans germes ni parties molles.

PRÉPARER ET CUISINER L'AIL

Pour peler facilement de l'ail que vous souhaitez hacher, posez la gousse sur une planche à découper. Appuyez dessus avec le plat de la lame d'un grand couteau, en pressant avec la paume de la main. La peau s'enlève ainsi plus facilement.

CRU
L'ail cru est souvent mélangé à des pâtes ou des salades, ou utilisé pour préparer des sauces comme l'aïoli ou le pesto.

BLANCHI

L'ail blanchi et écrasé possède une saveur plus douce. Il peut être mélangé à du beurre puis étalé sur des toasts, mélangé à des pâtes ou des légumes blanchis, frotté sur un poulet ou un rôti avant la cuisson. Mettez les gousses d'ail non pelées dans de l'eau froide et portez à ébullition. Jetez l'eau chaude et recommencez 2 fois. L'ail se pèle ensuite facilement et peut être écrasé.

SAUTÉ

Faites revenir l'ail avec les épices de votre choix pour préparer un sauté. Veillez à ce que l'huile soit chaude avant d'ajouter l'ail et remuez sans cesse pour éviter qu'il ne brûle.

FRIT

Ne faites jamais noircir de l'ail car il ne serait plus comestible.

AÏOLI

20 MIN DE PRÉPARATION

POUR 250 ML

4 gousses d'ail en quartiers

1 c. à c. de sel de mer

250 ml de mayonnaise

2 c. à c. de jus de citron

1- Pilez le sel et l'ail en pâte fine dans un mortier.

2- Mélangez cette pâte au reste des ingrédients.

CONSEILS

L'aïoli se garde 3 jours au réfrigérateur dans un bocal avec couvercle.

Servez-le en accompagnement de filets de poisson grillés, crudités, pommes de terre frites ou bouillies.

VINAIGRETTE AIL-BALSAMIQUE

5 MIN DE PRÉPARATION

POUR 300 ML

2 c. à s. de vinaigre balsamique
60 ml de jus de citron
1 gousse d'ail écrasée
180 ml d'huile d'olive

Fouettez tous les ingrédients dans un saladier.

CONSEIL
Pour accompagner les asperges et les brocolis à la vapeur, les pommes de terre rôties ou à la vapeur.

AIL CONFIT

10 MIN DE PRÉPARATION – 45 MIN DE CUISSON

POUR 1 LITRE

7 têtes d'ail moyennes (500 g), gousses séparées et non pelées

1 feuille de laurier séchée

500 ml d'huile d'olive, environ

1- Préchauffez le four à 150 °C.

2- Mettez l'ail avec la feuille de laurier dans un petit plat allant au four et versez l'huile. Faites rôtir 45 minutes, sans couvrir, jusqu'à ce que l'ail soit tendre.

3- Mettez l'ail et le laurier dans des bocaux stérilisés. Versez-y avec précaution l'huile du plat pour recouvrir l'ail, puis fermez-les hermétiquement. Étiquetez et datez une fois qu'ils ont refroidi.

À SAVOIR

Conservez l'ail confit au réfrigérateur. Après ouverture d'un bocal, assurez-vous que l'ail reste toujours immergé dans l'huile. Ajoutez-en un peu si nécessaire.

IDÉES GOURMANDES

Pressez les gousses pour en faire sortir la pulpe. Vous pouvez en incorporer dans une mayonnaise pour obtenir de l'aïoli, ou bien en ajouter dans des sauces et des dips. L'huile d'olive infusée à l'ail pourra servir à préparer une vinaigrette très riche en goût.

PIZZA À L'AIL

30 MIN DE PRÉPARATION – 1 H DE REPOS – 20 MIN DE CUISSON

POUR 8 PERSONNES

250 ml d'eau chaude

1 c. à c. de sucre en poudre

2 c. à c. de levure sèche (7 g)

375 g de farine

1 c. à c. de sel

1 c. à s. d'huile d'olive

2 gousses d'ail écrasées

2 c. à s. de parmesan finement râpé

1- Mélangez l'eau, le sucre et la levure dans un petit saladier. Laissez reposer 10 minutes dans un endroit chaud, jusqu'à ce que le mélange devienne mousseux.

2- Tamisez la farine et le sel au-dessus d'un grand saladier. Ajoutez le mélange à la levure et remuez soigneusement pour obtenir une pâte homogène. Pétrissez-la 10 minutes sur un plan de travail fariné, puis mettez-la dans un grand saladier huilé. Couvrez et laissez reposer 1 heure dans un endroit chaud, jusqu'à ce que la pâte double de volume.

3- Préchauffez le four à 220 °C et huilez 2 plaques de cuisson.

4- Divisez la pâte en deux et aplatissez chaque pâton en un disque de 30 cm de diamètre. Posez les fonds de pizza sur les plaques, badigeonnez-les avec l'huile d'olive mélangée à l'ail et parsemez de fromage.

5- Enfournez les pizzas pour 20 minutes, jusqu'à ce qu'elles soient dorées, puis coupez chacune en 16 parts.

PIZZA CHAMPIGNONS & AIL

40 MIN DE PRÉPARATION – 1 H DE REPOS – 15 MIN DE CUISSON

POUR 4 PERSONNES

10 g de cèpes séchés

2 c. à s. d'huile d'olive

1 gousse d'ail écrasée

240 g de mozzarella de bufflonne coupée en tranches

200 g de champignons de Paris émincés

1 c. à s. d'huile d'olive supplémentaire

2 c. à s. de persil plat grossièrement haché

sel, poivre

PÂTE À PIZZA

225 g de farine 00, de farine à pain ou de farine T55

1 c. à c. de levure déshydratée (4 g)

1 c. à c. de sucre semoule extra-fin

1 c. à c. de sel fin

1 c. à s. d'huile d'olive

125 ml d'eau tiède, environ

1- Préparez la pâte à pizza. Mélangez la farine, la levure, le sucre et le sel dans un saladier puis formez un puits au centre. Ajoutez l'huile d'olive et assez d'eau afin d'obtenir une pâte moelleuse. Pétrissez environ 10 minutes sur un plan de travail fariné, jusqu'à ce que la pâte soit lisse et élastique. Placez la pâte dans un grand saladier huilé, couvrez et laissez lever au chaud environ 1 heure : la pâte doit doubler de volume. Formez une boule et pétrissez-la à nouveau.

2- Préchauffez le four à 240 °C. Huilez 2 plaques de cuisson ou à pizza rectangulaires et placez-les dans le four chaud.

3- Mettez les cèpes dans un bol résistant à la chaleur et couvrez-les d'eau chaude. Laissez tremper 10 minutes pour les réhydrater, puis égouttez-les.

4- Divisez la pâte en deux. Abaissez chaque pâton sur un plan de travail fariné pour obtenir 2 rectangles de 20 x 30 cm, puis placez-les sur les plaques.

5- Enduisez la pâte d'huile d'olive mélangée à l'ail, puis garnissez-la de mozzarella, de cèpes et de champignons de Paris. Salez, poivrez et ajoutez l'huile d'olive supplémentaire.

6- Faites cuire environ 15 minutes au four, jusqu'à ce que la croûte soit dorée, parsemez de persil puis servez.

CONSEIL

Utilisez l'eau de trempage des champignons pour un risotto, une sauce pour les pâtes ou une soupe.

OLIO

LINGUINE À L'AIL

15 MIN DE PRÉPARATION – 15 MIN DE CUISSON

POUR 2 PERSONNES

200 g de linguine

2 gousses d'ail émincées

1 long piment rouge émincé

60 ml d'huile d'olive

1 poignée de persil plat ciselé

1- Faites cuire les pâtes dans de l'eau bouillante salée. Égouttez-les en réservant 60 ml de liquide de cuisson, puis remettez-les dans la casserole.

2- Faites revenir l'ail et le piment dans l'huile d'olive, à feu doux, jusqu'à ce qu'ils libèrent leurs arômes. Versez aussitôt cette sauce sur les pâtes, avec le liquide réservé, parsemez de persil, mélangez délicatement et servez sans attendre.

SPAGHETTIS À L'AIL, BROCOLI ET PARMESAN

15 MIN DE PRÉPARATION – 10 MIN DE CUISSON

POUR 4 PERSONNES

12 tranches de pain blanc rassis

500 g de spaghettis

300 g de brocoli détaillé en bouquets

80 ml d'huile d'olive

50 g de beurre

2 gousses d'ail écrasées

20 g de copeaux de parmesan

1- Retirez la croûte du pain. Mixez la mie en fine chapelure.

2- Faites cuire les pâtes dans de l'eau bouillante salée. Égouttez-les.

3- Pendant ce temps, faites cuire le brocoli à l'eau, à la vapeur ou au micro-ondes. Égouttez-le.

4- Faites chauffer l'huile d'olive et le beurre dans une grande poêle, puis faites légèrement dorer la chapelure et l'ail.

5- Mélangez les pâtes, le brocoli et la chapelure dans un grand saladier. Servez avec des copeaux de parmesan.

GNOCCHIS DE PATATE DOUCE, SAUCE À L'AIL

45 MIN DE PRÉPARATION – 1 H 30 DE CUISSON

POUR 6 PERSONNES

2 grosses patates douces orange (1 kg) coupées en morceaux

4 petites pommes de terre (480 g) coupées en morceaux

225 g de farine ordinaire

1 c. à c. de noix de muscade moulue

80 g de pignons de pin grillés

80 g de parmesan finement râpé + un peu pour servir

SAUCE À LA CRÈME ET À L'AIL

600 ml de crème fraîche

2 gousses d'ail écrasées

1- Préchauffez le four à 180 °C. Disposez les morceaux de patate douce et de pomme de terre en une seule couche sur une plaque de cuisson huilée et faites-les rôtir 1 heure environ, puis laissez-les refroidir.

2- Préparez la sauce. Mélangez la crème et l'ail dans une poêle, puis portez à ébullition. Réduisez le feu et laissez mijoter à découvert 5 minutes environ, pour que la sauce épaississe.

3- Augmentez la température du four à 200 °C. Huilez légèrement 6 ramequins (contenance 500 ml).

4- Dans un grand saladier, écrasez la patate douce et la pomme de terre en une purée lisse, ajoutez la farine tamisée et la muscade, et mélangez pour obtenir une pâte souple.

5- Sur un plan de travail fariné, divisez la pâte en quatre et abaissez chaque part sur une épaisseur de 1 cm. Découpez dans la pâte des disques de 5 cm de diamètre et transférez les gnocchis sur un plateau recouvert d'un torchon. Répétez l'opération en utilisant toute la pâte.

6- Faites cuire les gnocchis en 4 fois dans une grande casserole d'eau bouillante, pendant 3 minutes, jusqu'à ce qu'ils remontent à la surface. À l'aide d'une écumoire, retirez-les de la casserole, déposez-les dans les ramequins, puis garnissez-les de sauce, de pignons de pin et de parmesan. Faites-les gratiner au four 15 minutes environ. Saupoudrez-les d'un peu de parmesan et servez avec une salade de jeunes pousses d'épinard.

BRUSCHETTAS AIL, FETA ET CHAMPIGNONS

10 MIN DE PRÉPARATION – 10 MIN DE CUISSON

POUR 8 PERSONNES

500 g de champignons cremini

125 ml d'huile d'olive vierge extra

12 tomates cerises coupées en deux

8 tranches de pain croustillant

1 gousse d'ail coupée en deux

2 c. à s. de basilic ciselé

120 g de roquette

80 g de feta émiettée

1- Préchauffez le four à 220 °C. Huilez les champignons avec la moitié de l'huile d'olive et placez-les sur une plaque de cuisson. Placez 3 demi-tomates sur chaque champignon, côté coupé vers le bas. Enfournez pour 10 minutes.

2- Pendant ce temps, badigeonnez les tranches de pain avec 2 cuillerées à soupe d'huile d'olive et frottez-les avec l'ail, puis faites-les cuire au four pendant 6 minutes.

3- Mixez ou écrasez le basilic avec le reste de l'huile pour obtenir une sauce homogène. Garnissez chaque tartine de quelques feuilles de roquette, de 1 champignon, de miettes de feta et de quelques gouttes de la sauce au basilic. Vous pouvez aussi ajouter des feuilles de basilic frais.

SALADE DE PÂTES, CHAPELURE D'AIL

10 MIN DE PRÉPARATION – 10 MIN DE CUISSON

POUR 10 PERSONNES

500 g de farfalle

60 ml d'huile d'olive

100 g de beurre coupé en petits cubes

175 g de chapelure

4 gousses d'ail écrasées

40 g de persil plat frais grossièrement haché

1- Faites cuire les pâtes dans une grande quantité d'eau bouillante salée. Égouttez-les.

2- Pendant ce temps, faites chauffer l'huile d'olive et le beurre dans une grande poêle. Faites-y revenir la chapelure et l'ail à feu moyen, en remuant, jusqu'à ce que la chapelure soit dorée.

3- Dans un grand saladier, mélangez les pâtes chaudes avec la chapelure et le persil.

SPAGHETTIS AU PESTO

10 MIN DE PRÉPARATION – 10 MIN DE CUISSON

POUR 4 PERSONNES

2 gousses d'ail grossièrement hachées

50 g de pignons de pin grillés

40 g de parmesan finement râpé

1 botte de basilic

125 ml d'huile d'olive

500 g de spaghettis

40 g de copeaux de parmesan

1- Mixez grossièrement les gousses d'ail avec les pignons de pin, le parmesan râpé et le basilic. Versez l'huile d'olive progressivement en un mince filet, en mixant, pour obtenir une pâte épaisse.

2- Faites cuire les spaghettis dans une grande casserole d'eau bouillante salée, puis égouttez-les. Réservez 60 ml de liquide de cuisson.

3- Mélangez les spaghettis avec le pesto et le liquide de cuisson réservé dans un grand saladier. Garnissez de copeaux de parmesan avant de servir.

VELOUTÉ DE POMMES DE TERRE À L'AIL RÔTI

35 MIN DE PRÉPARATION – 50 MIN DE CUISSON

POUR 4 PERSONNES

2 têtes d'ail moyennes (140 g) non pelées

2 c. à s. d'huile d'olive

2 oignons moyens (300 g) grossièrement hachés

1 c. à s. de feuilles de thym frais

5 pommes de terre moyennes (1 kg) coupées en morceaux

1,25 l de bouillon de poulet

180 ml de crème liquide

1- Préchauffez le four à 180 °C.

2- Séparez les têtes d'ail en gousses, sans les peler, et placez-les en une seule couche sur une plaque. Nappez-les avec la moitié de l'huile d'olive et faites-les griller 15 minutes, sans les couvrir. Laissez-les refroidir, puis pelez-les et écrasez-les dans un bol.

3- Faites chauffer le reste de l'huile dans une grande casserole puis faites-y revenir les oignons et le thym, en remuant, jusqu'à ce que les oignons soient tendres. Ajoutez les pommes de terre et le bouillon, portez à ébullition puis baissez le feu et laissez frémir 15 minutes environ, sans couvrir, jusqu'à ce que les pommes de terre soient tendres. Ajoutez l'ail et laissez frémir 5 minutes de plus, sans couvrir.

4- Mixez ou passez au robot la préparation, par petites quantités, pour obtenir une soupe homogène, puis remettez-la dans la casserole nettoyée. Faites chauffer et incorporez la crème liquide. Vous pouvez servir ce velouté garni de quelques feuilles de thym frais.

SOUPE DE LENTILLES ET D'AIL AU YAOURT

10 MIN DE PRÉPARATION – 45 MIN DE CUISSON

POUR 8 PERSONNES

1 c. à s. d'huile d'olive

10 gousses d'ail émincées

2 branches de thym frais

400 g de petites lentilles vertes

500 ml de bouillon de légumes

2 l d'eau

175 g de cresson paré et haché

YAOURT À LA MENTHE

280 g de yaourt

1 c. à s. de jus de citron

quelques branches de menthe fraîche grossièrement hachées

1- Faites chauffer l'huile d'olive dans une grande casserole puis faites-y revenir l'ail et le thym, en remuant. Ajoutez les lentilles puis le bouillon et l'eau, et portez à ébullition. Réduisez le feu et laissez frémir, à couvert, pendant 35 minutes environ, jusqu'à ce que les lentilles soient tendres.

2- Pendant ce temps, préparez le yaourt à la menthe en mélangeant tous les ingrédients dans un bol.

3- Mixez la soupe en plusieurs fois, jusqu'à obtention d'une préparation lisse, et remettez-la dans la casserole. Ajoutez le cresson et poursuivez la cuisson, en remuant, jusqu'à ce qu'il soit flétri. Servez la soupe avec du yaourt à la menthe.

VELOUTÉ DE FENOUIL GRILLÉ ET AÏOLI AU POIVRON

10 MIN DE PRÉPARATION – 15 MIN DE REPOS – 1 H 10 DE CUISSON

POUR 4 PERSONNES

2 bulbes de fenouil moyens (600 g)

1 gros oignon brun (200 g) grossièrement haché

4 gousses d'ail non pelées écrasées

2 c. à c. de graines de fenouil séchées

1 c. à s. d'huile d'olive

500 ml de bouillon de légumes

250 ml de lait

250 ml d'eau

2 c. à c. de jus de citron

AÏOLI AU POIVRON

1 poivron rouge moyen (200 g)

2 gousses d'ail

1 jaune d'œuf

1 c. à s. de jus de citron

½ c. à c. de moutarde de Dijon

80 ml d'huile d'olive

1- Préchauffez le four à 200 °C.

2- Réservez 4 plumets de feuilles de fenouil. Parez et hachez grossièrement le fenouil, puis mélangez-le, dans un plat creux allant au four, avec l'oignon, l'ail, les graines de fenouil et l'huile d'olive. Enfournez pour 30 minutes à découvert, puis couvrez et laissez cuire 20 minutes de plus.

3- Laissez refroidir puis écrasez l'ail non pelé dans une grande casserole et jetez sa peau. Ajoutez le mélange de fenouil, le bouillon, le lait et l'eau. Portez à ébullition, laissez mijoter 10 minutes à découvert puis laissez refroidir 15 minutes.

4- Préparez l'aïoli au poivron. Coupez le poivron en quatre puis jetez ses graines et ses membranes blanches. Enfournez les morceaux sous le gril ou à four chaud, peau vers le haut, jusqu'à ce que cette dernière noircisse. Couvrez de plastique ou de papier pendant 5 minutes. Pelez le poivron et hachez grossièrement sa chair. Mixez l'ail, le jaune d'œuf, le jus de citron et la moutarde jusqu'à obtention d'une crème homogène. Laissez tourner le mixeur et ajoutez l'huile d'olive en filet pour faire épaissir l'aïoli. Ajoutez le poivron. Mixez pour obtenir une sauce onctueuse.

5- Mixez la soupe en plusieurs fois. Ajoutez les 2 c. à c. de jus de citron et réchauffez en remuant, à feu moyen.

6- Versez dans des bols avec un peu d'aïoli et 1 plumet de feuilles de fenouil.

POULET RÔTI AUX 40 GOUSSES D'AIL

20 MIN DE PRÉPARATION – 1 H20 DE CUISSON – 20 MIN DE REPOS

POUR 4 PERSONNES

3 à 4 belles têtes d'ail
60 g de beurre ramolli
1 poulet de 1,5 kg
2 c. à c. de fleur de sel
2 c. à c. de poivre noir concassé
250 ml d'eau

1- Préchauffez le four à 200 °C. Séparez les gousses d'ail sans retirer la peau. Enduisez de beurre l'extérieur et l'intérieur du poulet. Mélangez le sel et le poivre puis étalez le mélange sur le poulet en pressant bien pour qu'il adhère à la peau. Farcissez le poulet avec la moitié des gousses d'ail et liez les pattes avec de la ficelle de cuisine.

2- Disposez le reste des gousses d'ail en une seule couche dans un plat à rôtir et posez le poulet dessus. Versez délicatement l'eau dans le plat, enfournez et laissez rôtir 1 h 20 à découvert, jusqu'à ce que le poulet soit cuit à cœur et bien doré. Arrosez-le régulièrement pendant la cuisson.

3- Dressez le poulet sur un plat de service, couvrez d'une feuille de papier d'aluminium et laissez reposer 15 min. Découpez-le et servez avec les gousses d'ail entières et des pommes de terre rôties.

POULET RÔTI À L'AIL ET AU CITRON

25 MIN DE PRÉPARATION – 40 MIN DE CUISSON

POUR 3 PERSONNES

1 poulet de 1,5 kg coupé en huit portions

20 g de beurre fondu

6 gousses d'ail en chemise

1 citron

2 c. à s. de persil plat ciselé

2 c. à c. de gros sel

1- Préchauffez le four à 220 °C. Badigeonnez les morceaux de poulet de beurre fondu. Réfrigérez les blancs. Déposez les cuisses, les ailes et les pilons dans un plat huilé, puis glissez une gousse d'ail sous chaque morceau. Faites-les rôtir 15 min au four.

2- Prélevez le zeste du citron, hachez-le grossièrement puis mélangez-le avec le persil et le gros sel dans un bol.

3- Déposez les blancs de poulet sur la peau dans le même plat et remettez la viande au four pour 10 min. Retournez les blancs et arrosez-les de jus de cuisson ; arrosez également les autres morceaux de volaille.

4- Coupez le citron en quartiers et mettez ces derniers dans le plat. Saupoudrez la viande du zeste de citron au persil et au sel, et laissez rôtir encore 15 min, jusqu'à ce que le poulet soit bien doré et parfaitement cuit.

CURRY VERT DE PORC À L'AIL

20 MIN DE PRÉPARATION – 20 MIN DE CUISSON – 30 MIN DE REPOS

POUR 4 PERSONNES

35 g de gingembre frais râpé

3 gousses d'ail pilées

150 g d'oignons bruns émincés

1 c. à c. de curcuma en poudre

2 c. à s. de pâte de curry verte

10 feuilles de kaffir ciselées

750 g de filet de porc en cubes de 2 cm

60 ml d'huile végétale

1 c. à s. de pulpe de tamarin

250 ml d'eau bouillante

2 c. à s. de nuoc-mâm

2 têtes d'ail confit (voir page 16)

2 c. à c. de sucre roux

1- Mixez ensemble le gingembre, l'ail pilé, les oignons, le curcuma, la pâte de curry et la moitié des feuilles de kaffir. Mettez ensuite ce mélange dans un grand plat avec le porc et remuez pour que les morceaux soient enrobés de marinade. Couvrez et laissez reposer 30 min au réfrigérateur.

2- Faites chauffer l'huile dans une cocotte. Faites-y revenir les morceaux de porc jusqu'à ce qu'ils soient dorés.

3- Délayez le tamarin dans l'eau bouillante, ajoutez le nuoc-mâm, laissez reposer quelques minutes puis versez le mélange dans la casserole. Laissez cuire 10 min sans couvrir. La viande doit être juste tendre.

4- Ajoutez l'ail confit et le sucre. Laissez frémir 5 min en remuant de temps en temps. La sauce doit épaissir légèrement.

5- Présentez le curry dans un plat et saupoudrez-le avec le reste des feuilles de kaffir. Servez aussitôt.

CONSEILS

Servez ce curry avec du riz jasmin. Ce curry sera encore meilleur, si vous le préparez la veille. Les arômes auront ainsi le temps de se développer. Les feuilles de kaffir et les citrons du même arbre sont vendus dans les épiceries asiatiques. On peut les remplacer par de la citronnelle ou du citron vert mais la recette y perdra de sa saveur originale.

BLETTES COLORÉES À L'AIL, PIGNONS ET RAISINS

10 MIN DE PRÉPARATION – 10 MIN DE CUISSON

POUR 4 PERSONNES

750 g de blettes à cardes rouges et jaunes

2 c. à s. d'huile d'olive

1 oignon moyen (150 g) haché

2 gousses d'ail écrasées

85 g de raisins secs

50 g de pignons de pin grillés

1 c. à s. de jus de citron

1- Séparez les côtes des feuilles de blette et coupez-les en morceaux.

2- Faites chauffer la moitié de l'huile d'olive dans une sauteuse puis faites-y revenir l'oignon et l'ail, en remuant, jusqu'à ce qu'ils soient tendres. Ajoutez les côtes de blette et faites-les cuire, en remuant, jusqu'à ce qu'elles soient tendres. Ensuite, ajoutez les feuilles et faites cuire, en remuant, jusqu'à ce qu'elles se flétrissent.

3- Hors du feu, ajoutez les raisins secs et la moitié des pignons, puis mélangez. Nappez avec le reste de l'huile et le jus de citron, puis garnissez du reste des pignons.

ÉPINARDS À L'AIL ET AU PIMENT

5 MIN DE PRÉPARATION – 5 MIN DE CUISSON

POUR 2 PERSONNES

1 c. à s. d'huile d'olive

1 long piment rouge coupé en bâtonnets

1 gousse d'ail finement hachée

600 g d'épinards grossièrement hachés

1 c. à s. de crème de coco

1 c. à s. de jus de citron vert

½ c. à c. de pâte de crevettes

sel et poivre

1 - Faites chauffer un wok huilé puis faites sauter le piment et l'ail. Ajoutez les épinards et faites-les fondre. Ajoutez la crème de coco, le jus de citron vert et la pâte de crevettes. Faites sauter jusqu'à ce que les ingrédients soient chauds. Assaisonnez à votre goût.

2 - Servez avec du riz thaï nature en accompagnement d'une viande.

NOTE

Supprimez la pâte de crevettes pour en faire un plat 100 % végétarien.

ASPERGES À L'AIL ET AUX ANCHOIS

10 MIN DE PRÉPARATION – 5 MIN DE CUISSON

POUR 2 PERSONNES

2 c. à s. d'huile d'olive vierge extra

1 gousse d'ail émincée

3 anchois égouttés, coupés en morceaux

200 g d'asperges parées

poivre noir fraîchement moulu

1- Préchauffez le four à 200 °C. Mélangez l'huile d'olive avec l'ail et les anchois. Placez les asperges dans un plat peu profond allant au four, puis recouvrez-les d'huile aux anchois et de poivre. Remuez le plat pour bien enrober les asperges de sauce.

2- Faites-les cuire 5 minutes, jusqu'à ce qu'elles soient tendres.

MOULES GRILLÉES À L'AIL

20 MIN DE PRÉPARATION – 5 MIN DE CUISSON

POUR 4 PERSONNES

48 moules moyennes (1,5 kg)

500 ml d'eau

100 g de beurre

4 gousses d'ail écrasées

50 g de chapelure

2 c. à c. de cerfeuil frais grossièrement haché

1- Préchauffez le gril du four. Grattez et ébarbez les moules.

2- Mettez les moules dans une grande casserole avec l'eau, portez à ébullition et laissez frémir à couvert, jusqu'à ce qu'elles s'ouvrent (jetez celles qui restent fermées). Jetez les coquilles supérieures et détachez les moules de leur pied en les laissant dans la coquille.

3- Faites fondre le beurre dans une casserole moyenne, incorporez l'ail et la chapelure.

4- Placez les moules sur une plaque, garnissez de chapelure et faites-les dorer légèrement sous le gril. Servez parsemé de cerfeuil.

CREVETTES À L'AIL

15 MIN DE PRÉPARATION – 10 MIN DE CUISSON

POUR 4 PERSONNES

24 crevettes crues moyennes (environ 1 kg)

60 g de beurre

2 c. à s. d'huile végétale

5 gousses d'ail finement pilées

2 petits piments rouges thaïs frais finement hachés

1 petit oignon rouge (100 g) émincé

4 tomates moyennes (300 g) concassées

1 petit bouquet de persil ciselé

2 c. à s. de vinaigre balsamique

1 pain au levain coupé en tranches

1- Décortiquez les crevettes en laissant les queues.

2- Faites chauffer le beurre et l'huile dans un wok, puis faites revenir l'ail avec les piments et l'oignon. Ajoutez les crevettes en plusieurs fois et faites-les sauter jusqu'à ce qu'elles changent de couleur.

3- Retirez le wok du feu et ajoutez les tomates et le persil. Arrosez de vinaigre et servez avec le pain.